AF283892

Lourdes Arilla

Cristina Prieto

Dos Voces en Trasmoz

PAPELES DE TRASMOZ
La Casa del Poeta
Olifante. Ediciones de Poesía

Colección PAPELES DE TRASMOZ
Fundada en 2007 por Marcelo Reyes y Trinidad Ruiz Marcellán

*Edición conmemorativa del XLV Aniversario
de la creación de OLIFANTE. Ediciones de Poesía*

Dos Voces en Trasmoz
LOURDES ARILLA Y CRISTINA PRIETO

Este libro se ha editado con ayuda del
Departamento de Educación, Cultura y Deporte
del Gobierno de Aragón.

Editado por OLIFANTE. EDICIONES DE POESÍA
Diseño de la colección: Vicente Pascual
© De la presente edición: Olifante. Ediciones de Poesía
© Lourdes Arilla y Cristina Prieto
© Fotografía: Manuel Jalón
© Prólogo: María José Sáenz
Reservados todos los derechos

I.S.B.N.: 978-84-128991-1-5
Depósito Legal: Z 1770-2024

Impreso en España por COMETA, S.A.
Printed in Spain

Dos Voces en Trasmoz

Lourdes Arilla

Cristina Prieto

Lourdes Arilla y Cristina Prieto, por Manuel Jalón.

Prólogo

He aquí, queridos lectores, sendas manifestaciones poéticas de dos mujeres comprometidas con la palabra y con su tiempo. Palabra en el tiempo, como quería Antonio Machado, sí, mas inscrita en el restringido espacio de lo íntimo, de lo humilde y local, para lanzarla con su fuego revelado a las orillas de lo universal, a ese horizonte donde habla aquello que a todos y todas nos compete.

Dos Voces en Trasmoz, ciertamente, pues tanto Lourdes Arilla, autora de *Encendiendo caminos*, como Cristina Prieto, autora de *La insignia de este tiempo*, viven, trabajan y escriben en este precioso lugar moncaíno que, como una caricia de luz, se manifiesta en sus versos.

En efecto, este pueblecito, donde poetas importantes –Pedro Manuel de Urrea, Gustavo Adolfo Bécquer, Ángel Guinda y tantos otros que temporalmente residieron en la Casa del Poeta– dejaron su canto en las alas del viento, es el numen que anima a estas mujeres a buscar la mejor forma de comprender la realidad.

Se trata, pues, de dos voces singulares, si bien con diferentes concepciones poéticas. Arilla, con vocación más clásica y una clara inclinación formal –metro, ritmo, rima– ajustada a variados temas y motivos; Prieto, fía su empeño a la respiración de una palabra que nos llega con el aliento del verso libre y atenta, sobre todo, a la materia conceptual. Empero, hay un denominador común que justifica, asimismo, la presencia de ambas en este volumen. No otro que la convicción de que la palabra poética ha de ser siempre palabra vívida y vivida, y con un irrenunciable compromiso social. La poesía da forma, como nos enseñó José Ángel Valente, a la «otra palabra», la que se enfrenta al poder.

La palabra de Antígona, la primera mujer que se enfrentó a la *polis* para decir lo que nadie se atrevía a denunciar. Como ella, Lourdes y Cristina, son mujeres, poetas, resistentes y luchadoras en un medio rural amenazado, que nos brindan otra soberana lección: nada menos que la transformación de lo pequeño en lo grande; de lo individual en lo colectivo.

Os invito emocionada, lectores, a penetrar en estos universos donde la belleza se afirma frente al dolor y emerge en el corazón de las almas sensibles.

Lourdes y Cristina, Cristina y Lourdes, tanto monta, me pidieron aliento y ánimo en esta empresa. Compañía, amistad, en fin. Y, sin embargo, tras escribir este humilde prólogo, ahora sé que soy yo quien está en deuda con ellas. Mil gracias, queridas, por iluminar mi camino.

María José Sáenz
Trasmoz, 1 de octubre de 2024

Encendiendo caminos

Lourdes Arilla

Dedicado a mi hermano Eduardo, que nos dejó en presencia y nos llenó en esencia.

PRIMAVERAS DE HIELO
(22-04-24)

Te pienso y me dueles,
te sigo queriendo.
Te hablo y me apago,
vuelvo a tu silencio.
Me faltas y llamo
a tus labios muertos
a la lluvia fina
a tu sol de invierno.

El vértigo intacto.
Abriles de acero.
Doce primaveras.
Orquídeas de hielo.

He colocado el tono de tu voz
y el arco de tus cejas y tus legos,
en esa esquina de nuestra niñez
donde el insomnio escribe versos lentos
y la tristeza tiene preferencia.

ABRAZAR EL SENDERO

Cincuenta y más febreros me ha costado
abrazar el sendero que trajino.
No es la felicidad ningún destino
sino una piel que viaja a nuestro lado.

Mil y una vez, mis pies se han enredado
buscando entre lo ajeno el pan y el vino
separando las flores del espino,
negándole a la lágrima el bocado.

Perdí la mies sembrando en el desierto
el grano que a mi huerta pertenece
y tuve que dormir a cielo abierto.

Ahora sé bien que nada permanece
que todo lo que fue ya huele a muerto
y que todos los días amanece.

NANA PARA MANUELA

Mi niña tiene sueño.
Acuden a la fiesta,
Nanas de terciopelo,
Unicornios de fresa,
Ejércitos de versos.
Luna Clara se acerca
A contarle su cuento.

Dos o tres pucheritos,
Una lágrima leve,
El chupete, bendito,
Ronca ovejitas verdes.
Mi niña se ha rendido.
El párpado le vence.

Y parece una estrella
Alumbrando el presente.

AMIGAS

Soy una mujer rica y mi fortuna
no depende del IBEX treinta y cinco.
No se puede guardar en ningún sitio.
No se revaloriza ni se esfuma.

Mi fondo de inversión son esos ratos
en los que compartimos lo que venga.
Amigas aspirina de mis grietas,
nunca van a expropiarnos lo bailado.

Mi capital lo dejo en vuestras manos,
cada vez que la cosa se complica.
Sois color colorado en mis mejillas
y sois mi libertad. Mi ocho de marzo.

Gracias por la gestión, queridas mías.
Seguro es que esta empresa habría hundido
más de una vez, si no hubiese tenido
crédito en vuestro corazón, amigas.

BRINDIS

Brindo el trago morado
de mi copa de vino
a todas las mujeres
que a golpe de alarido
han ido abriendo puertas
y encendiendo caminos.
Las de la lengua larga,
las del tacón con filo,
las que rompen señales
de paso prohibido.

Porque tengo la sed
y la esperanza, brindo
por las ovejas negras,
por las que no lo han sido.
Por las que maniatadas
saltaron al vacío
y las que van sin tregua
a ganar el partido.

Por Simone, Rigoberta,
Madame Curie, Lucía,
por Manuela, sor Juana,
Martín Gaite, Alfonsina...

Por las hijas de Antígona,
por nuestra madre. Tierra.

Sorbo el beso morado
de la garnacha vieja.

ROMANCE DE LA HUERTA

Moncayo llora en mis manos
—estas manos hortelanas—
cuando se muere la noche
y se enciende la alborada.
La música del rocío
hundiéndose en la hojarasca
viste de raso la piel
de la fruta solanácea.
Rojo de tomate herido,
verde vivo de espinaca.
Mis manos van dando tumbos
—estas manos hortelanas—
entre el brillo berenjena
y el intenso remolacha.
No hay belleza más ingenua
que la huerta madrugada
ni corazón más goloso
que el corazón de la blanca
cebolla de nana triste

que cautiva a quién la cata.
Hortalizas de mi tierra,
agua, clorofila y savia.
Mis manos vibran de gozo
—estas manos hortelanas—.

DESPECHADÉCIMA ESPINELA

Te confundiste conmigo
si creíste que era buena.
Quizás no valga la pena
darle importancia al castigo
de sentirte mi enemigo.
Según escribe el refrán,
ni agua ni pacharán
hay que darle a quién te mata
antes de tiempo y te trata
como a un trapo de ratán.

Recuerdo que presumías
de ser un tipo legal
amigo incondicional
y otras falsas teorías
que a bocajarro escupías.
Mi mala sombra lo exige
y mi *hijaputez* elige
decimarte una espinela

que te machaque y te duela.
No soy buena, te lo dije.

Te deseo un gran espejo
y un corazoncito blando.
Que te falte el aire cuando
encuentres en su reflejo
al miserable pendejo.
Que sientas lo que no sientes,
que te mientas cuando mientes,
que te traten como tratas,
que te maten cual tú matas.
Enseñando bien los dientes.

PALESTINA

¿Cuánto va a durar esto? —me pregunto—
mientras hundo mis ojos en el barro
para quedarme ciega ante el espanto
que me provoca a veces este mundo.

Palestina, la voz se me hace un nudo
cuando veo a tu pueblo masacrado.
De lágrimas y sangre son los charcos
donde agonizan sueños de futuro.

Si en tus calles y plazas sólo hay muerte
y se sigue negando tu presencia
y el mundo entero calla nuevamente,

ondeará en mi ventana tu bandera,
pronunciaré tu nombre muchas veces.
No quiero ser silencio que condena.

LA CHICA DEL SEPE

Me mira sin gesto.
Parece una estatua.
Me siento y se esconde
tras una pantalla.
No veo sus ojos,
no mira mi cara,
me habla en susurros
y no entiendo nada.
Me rompe el esquema,
me quita las ganas,
me voy para abajo,
se va por las ramas.
Me pide papeles,
le doy filigranas.
Me jode el subsidio,
saca una manzana,
le pega un mordisco...
¡y se vuelve rana!

A VECES RAPEO

Duele tu boca tramposa
calentándome la oreja
moralina, moraleja,
aleja.
Aléjate de mi vera
en primavera
se me vuelven las hormonas del revés.
Después,
no te oculto el desaliento
(yo no miento)
se me nota el sentimiento
hasta en las uñas de los pies.
Ya no me conforman palabras voladoras,
promesas prometedoras...
Dame acción y no intenciones,
claridad y soluciones,
señales reveladoras
                     señales
                         reales.

No te amontones
que estoy muy loca.
Nadie me cierra la boca
y en mi bendita locura,
hay ternura por las cosas que me pasan,
por las personas que pasan
por mi vida, por mi casa.
En mi bendita locura,
hay cordura.
No hay frases hechas
no hay mentiras como flechas
que llegan al corazón (sinrazón)
Soy LOCuAz, estoy poeta
y este mundo no respeta
a la gente como yo.
Soy un yoyó
que sube y baja y se enreda.
Penduleo
entre la risa y la pena
entre la cal y la arena.
No me escondo
y me miro en el espejo

y el reflejo es como el fondo
y está hondo, pero hay luz
para ver lo que manejo
debajo de mi pellejo.
Sin complejo:
Soy transparente
Vengo de frente
no guardo ases
escondidos en las frases
no te pases
cuestionando, ninguneando
lo que me sale del pecho
porque no tienes derecho
a decir que me lo invento.
Yo abrí mi coco estrecho.
Hace tiempo que no intento
endurecer la blandura,
oscurecer la blancura
enmudecer un lamento
y me siento
como pluma a contra viento
como hierba en el cemento

pero sigo en movimiento
y me encuentro, con más gente
valiente
contracorriente
gente que siente
que hay abrazos que alimentan,
que hay almas que se conectan
que hay canciones que te inyectan energía.
Que hay amigos y hay amigas
en el sueño que persigas
que te llevan a la fuente
cuando la sed es urgente.
Esa es mi gente,
mi referente,
el beso de buenas noches en mi frente.

Tu eres la herida
que no se olvida.
Siempre hace daño
la cruel mordida
del desengaño.

FELIS SILVESTRIS CATUS

Os movéis con la cautela
del bandolero que ha huido.
Sois un misterio encendido.
Sois ángeles centinela
de la llama de mi vela
y del pulso de mis sueños.
Sois completamente dueños
del sigilo y la elegancia.
Sois amor en abundancia
con corazones pequeños.

MONCAYO SIEMPRE

Porque la primavera apresura el deshielo
y los musgos dibujan en tus bosques un cuento
de amanitas y gnomos de verde y caramelo.
Porque el cielo de agosto llora estrellas con eco
y la tormenta anuncia su recital de truenos
con fuegos de artificio que tiemblan en el pecho.
Porque el otoño viste de misterio el hayedo
y la hojarasca cruje cuando la toca el cierzo.
Porque diciembre porta tu corona de hielo
y la nieve se posa en la flor del acebo,
buscaré nuevamente tu plata y tu silencio.
Brotarán otra vez la genista y los versos.

NOTA BIOBIBLIOGRÁFICA

Lourdes Arilla (Tudela 1970). Reside en Trasmoz desde la primavera de 2022, donde ha encontrado amigas y amigos que son familia. El silencio y la magia del Moncayo, han sido motivo de inspiración y de reencuentro con esa afición por la escritura que le acompaña desde la adolescencia.

Cocinera por devoción y de profesión, siempre fue la poesía su refugio. Cofundadora del movimiento poético '*el Club de la Rima*', creado en Tudela en 2014, con el propósito de sacar la poesía de las academias y llevarla a las calles, bares y otros lugares donde la gente más sencilla y de cualquier condición intelectual o personal pudiera disfrutarla. Así pues, ha participado en la organización de numerosos recitales y encuentros poéticos de ámbito popular y colaborado en la edición de varios libros de poemas con fines benéficos.

Dos Voces en Trasmoz es su primer libro editado.

La insignia de este tiempo
Cristina Prieto

*Dedicado a tod@s los **Prieto** y a l@s que quieran serlo.*

SERES

Soy
La hoja que llegado su tiempo se torna
   amarilla
El fruto rojo que adorna al acebo
La piedra que deja brotar al cantueso
La nube que viaja con el viento
El grillo que canta en verano
La savia salida del tronco herido
El aroma en la tarde de lluvia
El zorro que cruza en la noche

Pero también soy
El rayo que parte el tronco en dos
El torrente que desborda el cauce olvidado
El veneno ponzoñoso del ciempiés
El oleaje estampado en el precipicio
El hedor putrefacto de la descomposición
La tierra quebrada por falta de agua
El zumbido de la mosca en mi oreja

Sobre todo soy nada
El sonido del árbol que nadie escucha
El pétalo que le falta a una flor
El pájaro que cayó del nido
El tacto liso del haya
La vista perdida en el campo monocromo
La mierda pinchada en un palo

Con los dedos de una mano
Un arco iris que indica que allí está lloviendo

Cada día
Un grano de maíz en un maizal.

DESPERTARES

Buceando en sueños volátiles,
despierto mil veces en la noche
brotando, a borbotones,
por el nacedero de tu risa.

OSMÓTICA

Imantada sensación de cercanía,
cuando rompes la barrera del sonido a tu
     paso por Trasmoz.

La tensión del estanque sosteniendo al
     insecto.
Líneas ondulantes que convergen en tu punto.
Mercurio líquido hacia ti.

Atravieso el espacio osmótico que nos separa.
En tu presencia, Debra Winger.

ELECTROMA

Amordazada
atada de pies y manos,
me expones
a la luz constante
de mi ceguera.

Estalla otra tormenta eléctrica,
me abandonas para provocarlas en otras
    ciudades.

Una fuerte corriente molecular interna me
    libera,
como si un agua fresca y cristalina
corriera y cubriera un manto verde
desde mi sexo hasta la cabeza del amor
y un nenúfar tendido al sol
se desmayara suspendido.

OTRA

Ser otro cuerpo el que te desea
una mente distinta desbordada en ti.

Adorarte,
otra
que lame tus heridas,
que busque en tu misterio
con una flor en el pelo
recogiendo tu amor.

Enamorada y frágil, otra,
cuando mires increíble
la corza blanca te salve
oculta en el bosque verde.

GEA

Un día impido que el sol te refleje como a
    su luna
a pesar de poner en ello toda mi energía.

Las olas, entonces, se estampan contra el
    acantilado,
se inunda el cauce donde construyes tu casa.

Al día siguiente
el sol desperezaba girasoles de su muerte
    dulce y
mis ganas de cantar despertaban muertos.

Semanas más tarde
la mosca misma, obsesiva
aún zumba en el oído del mundo.

Tus ojos, que no han podido parpadear
asisten al castigo;
millones de seres que amábamos
te regalan su bondad mientras sucumben,
inadaptados a la frustración de Gea.

CISNE

Desciende los peldaños de azulejo azul.
El agua ávida explota a cinco grados menos
    que su piel.

Antes de morir
los sonidos sagrados del cisne salen de fiesta.
Flotando, inmóvil y sola
abre los ojos:
la fiera muerta desea la ascensión en esta
    noche oscura.

La constelación del cisne
en la estrellada Vía Láctea
le muestra su herencia.

Y es Deneb.

Abandona la piscina,
una larga ducha pisando hierba
la deja sin plumas.

TU TRISTEZA

Llega en la tarde más cálida
como viento fresco que no llega.

Es la única palabra del texto,
el solo perfume en la memoria,
el último pedazo de pan.

Llega, y estalla la tormenta
en un día abrasador.

PRIETOS EN VEZDEMARBÁN

Galopar con la presencia al paso de la ausencia.

Atrapar la cinta de colores con la lanza de
    los días.

Incapacitados para la simpleza,
adaptados a la impresión.

Aire de nube.
Lucirla en otros mundos.

LA ALFOMBRA ROJA

Ya no barras la baba de caracol
bajo la alfombra roja.

Que en tu silencio incondicional
muera el río revuelto.

Da la espalda al río
cuando busques puentes.

Voy a darte un nombre
sencillo
para que cuando te llame
te vuelvas.

EFECTO PIGMALIÓN

Compartir tiempos oscuros
dejará sin pasos la memoria.

Soy la sombra fija de un fuego descontrolado.

No seré es ser ahora la forma,
la insignia de este tiempo.

DECEPCIÓN

Te escapas entre mis dedos en ángulo muerto.

Arcadas
Había una vez un instante que era, cada día,
    una vez en la vida.

                    Nudo en la garganta
        Sabes al ácido del que serás partícula.

             Reencarnación

*This is how I would die / into the love I have for you: /
As pieces of cloud / dissolve in sunlight.*
                              Rūmī

        Sería
      una nube en flor
    dibujando al almendro
    dormido en invierno.
     Para, si lo ves,
    me creas primavera.

DÍA 8

Serpentean ríos de lluvia en el cristal,
las gotas solas
resisten sin resbalar.

Las hojas bailan la última pieza,
las que se abrazan
flotan Huecha abajo.

Antes de salir esta mañana,
anuda los cordones al camino
en el tocador de tus nubes.

Se aleja del hogar.

PENUMBRA

¡Tarda la penumbra en definirse!

¿Penetrará en la noche o dará paso al día?

Sin memoria, dilatada,
ahora depende sólo del lenguaje.

PINPILINPAUXA DE PAPILLÓN
La que se posa con elegancia

Donde la primera ola se extingue
marco el límite en la arena.
Mido cada cresta con la referencia de las nubes.
Cuento el tiempo entre ellas.
Las numero, busco la séptima.

Pero se borran las señales.
Las referencias se desvanecen.
No todo es cuestión de tiempo.
Número no es igual a cantidad.

Y estoy en el mar de aquella
que habita la montaña.

LA MAGIA DE TRASMOZ

Antes de encender un nuevo fuego*
apaga completamente el anterior.

O se te verá de lejos como
al castillo a la hora del barco encallado,
tus estrellas del monte rocoso
titilan mar abajo.

*Fuego: hogar.
Había 70 fuegos en Trasmoz, según el censo ordenado
por Fernando el Católico a finales del siglo XV, recogido
en el libro «La población de Aragón según el fogaje de
1495», de Antonio Serrano Montalvo, editado por la
Diputación de Zaragoza y el Gobierno de Aragón en
1997.

TANGO

The things you'll never know
El brindador

En el recoger de los años
se baila el tango de la vida.

Unos ojos de puertas abiertas
con el deseo del amor primero
descorchan el vino de la cosecha temprana.

A las puertas del templo sagrado
el joven turista, entregado al gozo de la espera
donde imagina todo ya,
ve bailar a Ginger y Fred.

SEQUÍA

Dueño del tiempo,
el silencio quiebra el junco
en cada intento de tejerte.

Y, sin embargo,
es posible que siga enhebrado mi pelo en tu
    aguja;
se enreda con cada tentación.

Me esperas en la sorpresa de no volver.

REVOLUCIONARIAS

Inspirado en los artículos de todos los martes del filósofo
y amigo, José Miguel Valle.
https://espaciosumanocero.blogspot.com/

Lentificar los días
es revolución.

Caminar,
como cuerpo abrazado al reparador silencio,
es revolución.

Andar sin premuras
complace la necesidad de ser tú en ti;
una disidente que desatiende la invención
    de las prisas
con cada paso que das.
Una escapista de la confabulación productiva
con cada paso que das.

Leer
empodera;
ser soberana de tu atención,
es transgresión.

La decisión de invisibilizarte, y
la de enmudecer cuando desconoces,
son revolucionarias.

NUESTRO TIEMPO

Mi abuelo no tenía nada;
hablaba de hambre y paz,
dos muletas lo alejaron de la guerra.
Era pastor y nos contaba refranes.

Mi padre tenía un sueño;
hablaba de libertad y progreso.
Compró la tierra de otro
y labró el futuro de sus seis hijos.

Yo no tengo tiempo;
hablo de esclavitud enmascarada.
Emprendedora, en solitario, de la España vacía
mientras mis pequeños juegan a *pócimas*
    bajo el techo de cristal,
y se aplaza la vida.

Pero mi abuelo y mi padre soy:
cuando una mariquita me cuenta los dedos,
cuando siembro flores las mañanas con nubes,
y en silencio, amaso el pan.

Agradecimientos

A los poetas y amigos de la *Casa Última* de **Trasmoz**: Mariano Castro y María José Sáenz, por ayudarme en todo el proceso con maestría e impecable delicadeza, desde el respeto a la palabra.

A **tod@s** los que consideren que también a ell@s he de agradecérselo.

Y finalmente, a **todo** lo que plaga el cielo de imaginaciones mías.

NOTA BIOBIBLIOGRÁFICA

Cristina Prieto (Zamora, 1971), con ADN zamorano de todos mis antepasados desde el siglo XIII, me criaron en Arquillinos, mi pueblo, al que sigo siendo fiel.

Aterricé sola a los quince años en Zaragoza, donde terminé COU, Informática de Empresa y Grado Superior de Artes Gráficas. Vivo desde el 2000 con mi familia en Trasmoz.

Leo casi exclusivamente poesía, desde que encontrara libros libres de la Editorial Olifante cuando llegué, y de siempre escribo relatos en la frontera de lo real, lo imaginario y el sueño lúcido. La música, leer y escribir, me salvan.

Ahora soy **P**rieto (Martín), **P**anadera (sin gluten), **P**ilota (de Drones) y ojalá que para ti, **P**oeta ().

ÍNDICE

En esta edición se empleó papel *Athenea* verjurado ahuesado de 125 gr/m² y cartulina *Rives Tradition,* color marfil claro, de 170 gr/m². Se han utilizado los tipos *Felix Titling* en el cuerpo 50 y *Garamond* en los cuerpos 7, 8, 9, 10, 11, 12 y 14. Color pantone Blue 072 U y Yellow U.

Dos Voces en Trasmoz

de

Lourdes Arilla

y

Cristina Prieto

Volumen 125 de los
PAPELES DE TRASMOZ
de la Casa del Poeta
editado por
OLIFANTE. EDICIONES DE POESÍA

Se imprimió en
los Talleres Editoriales Cometa, de Zaragoza,
cuidando el proceso técnico Albertina Lisbona.
Responsable de erratas, Tutivillus.
Y fue encuadernado por
Encuadernaciones Raga, S.A.
El libro quedó terminado
el día 23 de noviembre de 2024.

LIBROS PUBLICADOS EN ESTA COLECCIÓN